La Dieta DAS
Principia

Libro de cocina para bajar la presión arterial con recetas rápidas y fáciles. Prepare comidas sabrosas y saludables para llevar una vida sana con platos bajos en sodio.

Jasmin Contrero

Índice

Desayuno

Waffles de arándanos

Tiempo de preparación: 15 minutos

Tiempo de cocción: 15 minutos

Porciones: 8

Ingredientes:

- 2 tazas de harina de trigo integral
- 1 cucharada de polvo de hornear
- 1 cucharadita de canela molida
- 2 cucharadas de azúcar
- 2 huevos grandes
- 3 cucharadas de mantequilla sin sal, derretida
- 3 cucharadas de yogur griego natural sin grasa
- 1½ tazas de leche al 1%
- 2 cucharaditas de extracto de vainilla
- 4 onzas de arándanos

- Spray de cocina antiadherente

- ½ taza de mantequilla de almendra de arce

Instrucciones:

1. Precalentar la plancha de gofres. Mezcla la harina, el polvo de hornear, la canela y el azúcar en un tazón grande. Mezclar los huevos, la mantequilla derretida, el yogur, la leche y la vainilla en un tazón pequeño. Mezclar bien.

2. Ponga el fijador húmedo en la mezcla seca y bátalo hasta que esté bien combinado. No bata demasiado; está bien si la mezcla tiene algunos grumos. Dobla los arándanos.

3. Engrasar la plancha de gofres con spray de cocina, luego cocinar 1/3 taza de la masa hasta que los gofres se doren ligeramente y estén ligeramente crujientes. Repita con el resto de la masa.

4. Ponga 2 gofres en cada uno de los 4 contenedores de almacenamiento. Almacene la mantequilla de almendra en 4 tazas de condimento. Para servir, cubra cada waffle caliente con 1 cucharada de mantequilla de almendra de arce.

Nutrición:

Calorías: 647

Grasa: 37g

Hidratos de carbono: 67g

Proteína: 22g

Sodio: 156mg

Panqueques de manzana

Tiempo de preparación: 15 minutos

Tiempo de cocción: 5 minutos

Porciones: 16

Ingredientes:

- ¼ taza de aceite de oliva extra virgen, dividido

- 1 taza de harina de trigo integral

- 2 cucharaditas de polvo de hornear

- 1 cucharadita de bicarbonato de sodio

- 1 cucharadita de canela molida

- 1 taza de leche al 1%.

- 2 huevos grandes

- 1 manzana Gala mediana, cortada en cubos

- 2 cucharadas de jarabe de arce

- ¼ taza de nueces picadas

Instrucciones:

1. Ponga a un lado 1 cucharadita de aceite para usar para engrasar una plancha o sartén. En un bol grande, revuelva la harina, el polvo de hornear, el bicarbonato de sodio, la canela, la leche, los huevos, la manzana y el aceite restante.

2. Calentar la plancha o la sartén a fuego medio-alto y cubrir con el aceite reservado. Trabajando en tandas, vierta alrededor de ¼ taza de la masa para cada panqueque. Cocine hasta que se doren por ambos lados.

3. Coloca 4 panqueques en cada uno de los 4 contenedores medianos de almacenamiento y el jarabe de arce en 4 contenedores pequeños. Poner cada porción con 1 cucharada de nueces y rociar con ½ cucharada de jarabe de arce.

Nutrición:

Calorías: 378

Grasa: 22g

Hidratos de carbono: 39g

Proteína: 10g

Sodio: 65mg

Granola Súper-Simple

Tiempo de preparación: 15 minutos

Tiempo de cocción: 25 minutos

Porciones: 8

Ingredientes:

- ¼ taza de aceite de oliva extra virgen

- ¼ taza de miel

- ½ cucharadita de canela molida

- ½ cucharadita de extracto de vainilla

- ¼ cucharadita de sal

- 2 tazas de copos de avena enrollados

- ½ taza de nueces picadas

- ½ taza de almendras cortadas

Instrucciones:

1. Precaliente el horno a 350°F. Mezcla el aceite, la miel, la canela, la vainilla y la sal en un tazón grande. Añada la avena, las nueces y las almendras. Revuelva para cubrir. Ponga la masa en la bandeja preparada. Hornee durante 20 minutos. Deje enfriar.

Nutrición:

Calorías: 254

Grasa: 16g

Hidratos de carbono: 25g

Fibra: 3.5g

Proteína: 5g

Potasio: 163mg

Sodio: 73mg

Tazones de yogur salado

Tiempo de preparación: 15 minutos

Tiempo de cocción: 0 minutos

Porciones:4

Ingredientes:

- 1 pepino mediano, cortado en cubos

- ½ taza de aceitunas Kalamata sin hueso, cortadas por la mitad

- 2 cucharadas de jugo de limón fresco

- 1 cucharada de aceite de oliva extra virgen

- 1 cucharadita de orégano seco

- ¼ cucharadita de pimienta negra recién molida

- 2 tazas de yogur griego natural sin grasa

- ½ taza de almendras cortadas

Instrucciones:

1. En un pequeño tazón, mezclar el pepino, las aceitunas, el jugo de limón, el aceite, el orégano y la pimienta. Dividir el yogur uniformemente entre 4 contenedores de almacenamiento. Cubrir con la mezcla de pepino y aceitunas y las almendras.

Nutrición:

Calorías: 240

Grasa: 16g

Hidratos de carbono: 10g

Proteína: 16g

Potasio: 353mg

Sodio: 350mg

Muffins de energía del amanecer

Tiempo de preparación: 15 minutos

Tiempo de cocción: 25 minutos

Porciones: 16

Ingredientes:

- Spray de cocina antiadherente

- 2 tazas de harina de trigo integral

- 2 cucharaditas de bicarbonato de sodio

- 2 cucharaditas de canela molida

- 1 cucharadita de jengibre molido

- ¼ cucharadita de sal

- 3 huevos grandes

- ½ taza de azúcar moreno envasado

- 1/3 de taza de compota de manzana sin azúcar

- ¼ taza de miel

- ¼ taza de aceite vegetal o de canola

- 1 cucharadita de cáscara de naranja rallada

- Jugo de 1 naranja mediana

- 2 cucharaditas de extracto de vainilla

- 2 tazas de zanahorias ralladas

- 1 manzana grande, pelada y rallada

- ½ taza de pasas doradas

- ½ taza de nueces picadas

- ½ taza de copos de coco sin azúcar

Instrucciones:

1. Si puedes meter dos moldes de 12 tazas de panecillos uno al lado del otro en el horno, deja una rejilla en el medio y precalienta el horno a 350°F.

2. Cubra 16 tazas de los moldes de panecillos con spray de cocina o forrelos con papel. Mezclar la harina, el bicarbonato de sodio, la canela, el jengibre y la sal en un tazón grande. Deje a un lado.

3. Mezclar los huevos, el azúcar moreno, el puré de manzana, la miel, el aceite, la cáscara de naranja, el zumo de naranja y la vainilla hasta que se combinen en un tazón mediano. Añada las zanahorias y la manzana y bata de nuevo.

4. Mezcla los ingredientes secos y húmedos con una espátula. Incorporar las pasas, las nueces y el coco. Mezclar todo una vez más, sólo hasta que esté bien combinado. Poner la masa en las tazas de panecillos preparadas, llenándolas hasta arriba.

5. Hornear dentro de 20 a 25 minutos, o hasta que un palillo de madera insertado en el centro del panecillo central salga limpio (cambiando los estantes a la mitad si se hornea en 2 estantes). Enfriar durante 5 minutos en los moldes, y luego transferirlos a una rejilla de alambre para enfriarlos durante otros 5 minutos. Enfríese completamente antes de almacenarlo en los contenedores.

Nutrición:

Calorías: 292

Grasa: 14g

Hidratos de carbono: 42g

Proteína: 5g

Sodio: 84mg

Quesadillas de espinaca, huevo y queso para el desayuno

Tiempo de preparación: 15 minutos

Tiempo de cocción: 15 minutos

Porciones: 4

Ingredientes:

- 1½ cucharadas de aceite de oliva extra virgen

- ½ cebolla mediana, en cubitos

- 1 pimiento rojo mediano, cortado en cubos

- 4 huevos grandes

- 1/8 de cucharadita de sal

- 1/8 de cucharadita de pimienta negra recién molida

- 4 tazas de espinacas para bebés

- ½ taza de queso feta desmoronado

- Spray de cocina antiadherente

- 4 tortillas de trigo entero, divididas

- 1 taza de queso mozzarella rallado, parcialmente descremado y de baja humedad, dividido

Instrucciones:

Calentar el aceite a fuego medio en una gran sartén. Añade la cebolla y el pimiento y saltéalos durante unos 5 minutos, o hasta que estén blandos.

1. Mezcla los huevos, la sal y la pimienta negra en un tazón mediano. Añade las espinacas y el queso feta. Poner la masa de huevo en la sartén y revolver durante unos 2 minutos, o hasta que los huevos estén cocidos. Retirar del fuego.

2. Cubra una sartén limpia con spray de cocina y añada 2 tortillas. Coloca un cuarto de la mezcla de espinacas y huevo en un lado de cada tortilla. Espolvorea cada una con una taza de queso mozzarella ¼. Doblar las otras mitades de las tortillas para cerrar las quesadillas y dorarlas durante un minuto.

3. Voltee y cocine de nuevo en un minuto en el otro lado. Repita con las 2 tortillas restantes y ½ taza de queso mozzarella. Cortar cada quesadilla por la mitad o en trozos. Dividirlas entre 4 contenedores de almacenamiento o bolsas reutilizables.

Nutrición:

Calorías: 453

Grasa: 28g

Hidratos de carbono: 28g

Fibra: 4.5g

Proteína: 23g

Potasio: 205mg

Sodio: 837mg

Tortillas simples de queso y brócoli

Tiempo de preparación: 15 minutos
Tiempo de cocción: 10 minutos

Porciones: 4

Ingredientes:

- 3 cucharadas de aceite de oliva extra virgen, divididas

- 2 tazas de brócoli picado

- 8 huevos grandes

- ¼ taza de leche al 1%

- ½ cucharadita de pimienta negra recién molida

- 8 cucharadas de queso Monterey Jack desmenuzado y reducido en grasas, divididas

Instrucciones:

1. En una sartén antiadherente, calentar una cucharada de aceite a fuego medio-alto. Añade el brócoli y saltéalo, revolviéndolo ocasionalmente, de 3 a 5 minutos, o hasta que el brócoli se vuelva verde brillante. Ráspelo en un tazón.

2. Mezcla los huevos, la leche y la pimienta en un pequeño tazón. Limpia la sartén y calienta ½ cucharada de aceite. Añade un cuarto de la mezcla de huevos e inclina la sartén para asegurar una capa uniforme. Cocine por 2 minutos y luego agregue 2 cucharadas de queso y un cuarto de brócoli. Use una espátula para doblarlo en una tortilla.

3. Repita el paso 3 con las restantes 1½ cucharadas de aceite, la mezcla de huevo restante, 6 cucharadas de queso y el brócoli restante para hacer un total de 4 tortillas. Dividir en 4 contenedores de almacenamiento.

Nutrición:

Calorías: 292

Grasa: 23g

Hidratos de carbono: 4g

Fibra: 1g

Proteína: 18g

Potasio: 308mg
Sodio: 282mg

Sándwiches cremosos de ensalada de aguacate y huevo

Tiempo de preparación: 15 minutos

Tiempo de cocción: 15 minutos

Porciones: 4

Ingredientes:

- 2 aguacates pequeños, partidos por la mitad y sin hueso

- 2 cucharadas de yogur griego natural sin grasa

- Jugo de 1 limón grande

- ¼ cucharadita de sal

- ½ cucharadita de pimienta negra recién molida

- 8 huevos grandes, cocidos, pelados y picados.

- 3 cucharadas de eneldo fresco finamente picado

- 3 cucharadas de perejil fresco finamente picado

- 8 rebanadas de pan integral (o su elección)

Instrucciones:

1. Ponga los aguacates en un tazón grande y aplástelos. Mezcla el yogur, el jugo de limón, la sal y la pimienta. Añade los huevos, el eneldo y el perejil y mézclalos.

2. Guarda el pan y la ensalada por separado en 4 bolsas de almacenamiento reutilizables y 4 contenedores y

---

ensámblalos la noche anterior o al momento de servir. Para servir, dividir la mezcla uniformemente entre 4 de las rebanadas de pan y cubrir con las otras rebanadas para hacer sándwiches.

Nutrición:

Calorías: 488

Grasa: 22g

Hidratos de carbono: 48g

Fibra: 8g

Proteína: 23g

Potasio: 469mg

Sodio: 597mg

Desayuno Hash

Tiempo de preparación: 15 minutos

Tiempo de cocción: 25 minutos

Porciones: 4

Ingredientes:

- Spray de cocina antiadherente

- 2 boniatos grandes, cubos de ½ pulgadas

- Un cebollín, finamente picado

- ¼ cucharadita de sal

- ½ cucharadita de pimienta negra recién molida

- 8 onzas de carne molida extra magra (96% o más magra)

- 1 cebolla mediana, picada

- 2 dientes de ajo, picados

- 1 pimiento rojo, cortado en cubos

- ¼ cucharadita de comino molido

- ¼ cucharadita de pimentón

- 2 tazas de hojas de col rizada picadas gruesas

- ¾ taza de queso Cheddar reducido en grasas rallado

- 4 huevos grandes

Instrucciones:

1. Engrasó una gran sartén con spray de cocina y la calentó a fuego medio. Añada las batatas, el cebollín, la sal y la pimienta. Saltee durante 10 minutos, revolviendo a menudo.

2. Añade la carne, la cebolla, el ajo, el pimiento, el comino y el pimentón. Saltee, revolviendo frecuentemente, durante unos 4 minutos, o hasta que la carne se dore. Añada la col rizada a la sartén y revuelva hasta que se marchite. Espolvorear con el queso Cheddar.

3. Haz cuatro pozos en la masa de hachís y rompe un huevo en cada uno. Cúbrelo y deja que los huevos se cocinen hasta que la clara esté completamente cocida y la yema esté a tu gusto. Dividir en 4 contenedores de almacenamiento.

Nutrición:

Calorías: 323

Grasa: 15g

Hidratos de carbono: 23g

Fibra: 4g

Proteína: 25g

Potasio: 676mg

Sodio: 587mg

Cazuela de desayuno abundante

Tiempo de preparación: 15 minutos

Hora de cocinar: 30 minutos

Porciones: 4

Ingredientes:

- Spray de cocina antiadherente

- 1 pimiento verde grande, cortado en cubos

- 8 onzas de hongos cremini, cortados en cubos

- ½ cebolla mediana, en cubitos

- 3 dientes de ajo, picados

- 1 batata grande, rallada

- 1 taza de espinaca bebé

- 12 huevos grandes

- 3 cucharadas de leche al 1%.

- 1 cucharadita de polvo de mostaza

- 1 cucharadita de pimentón

- 1 cucharadita de pimienta negra recién molida

- ½ cucharadita de sal

- ½ taza de queso Colby-Jack desmenuzado y reducido en grasas

Instrucciones:

1. Precaliente el horno a 350°F. Engrasado en una bandeja de hornear de 9 por 13 pulgadas con spray de cocina. Cubra una sartén grande con spray de cocina y caliéntela a fuego medio. Añada el pimiento, los champiñones, la cebolla, el ajo y la batata.

2. Saltear, revolviendo frecuentemente, durante 3 o 4 minutos, o hasta que la cebolla esté translúcida. Añada las espinacas y continúe salteando mientras revuelve, hasta que las espinacas se hayan marchitado. Retire, y luego deje a un lado para que se enfríe ligeramente.

3. Mezcla los huevos, la leche, la mostaza en polvo, el pimentón, la pimienta negra y la sal en un bol grande. Añade las verduras salteadas. Poner la masa en la bandeja de hornear preparada.

4. Hornea durante 30 minutos. Sacar del horno, espolvorear con el queso Colby-Jack, volver al horno, y hornear de nuevo en 5 minutos para derretir el queso. Dividir en 4 contenedores de almacenamiento.

Nutrición:

Calorías: 378

Grasa: 25g

Hidratos de carbono: 17g

Fibra: 3g

Proteína: 26g

Potasio: 717mg
Sodio: 658mg

Batido cremoso de manzana y aguacate

Tiempo de preparación: 15 minutos

Tiempo de cocción: 0 minutos

Porciones: 2

Ingredientes:

- ½ aguacate mediano, pelado y deshuesado

- 1 manzana mediana, picada

- 1 taza de hojas de espinaca bebé

- 1 taza de yogur griego de vainilla sin grasa

- ½ a 1 taza de agua

- 1 taza de hielo

- Jugo de limón recién exprimido (opcional)

Instrucciones:

1. Mezclar todo el fijador con una licuadora, y mezclar hasta que esté suave y cremoso. Ponga un chorro de jugo de limón encima si lo desea, y sírvalo inmediatamente.

Nutrición:

Calorías: 200

Grasa: 7g

Sodio: 56mg

Potasio: 378mg

Hidratos de carbono: 27g

Fibra: 5g

Azúcares: 20g

Proteína: 10g

Batido de fresa, naranja y remolacha

Tiempo de preparación: 5 minutos

Tiempo de cocción: 0 minutos

Porciones: 2

Ingredientes:

- 1 taza de leche descremada

- 1 taza de fresas congeladas

- 1 remolacha mediana, cocida, pelada y cortada en cubos

- 1 naranja, pelada y cortada en cuartos

- 1 plátano congelado, pelado y picado

- 1 taza de yogur griego de vainilla sin grasa

- 1 taza de hielo

Instrucciones:

1. En una licuadora, combine todos los fijadores, y mezcle hasta que esté suave. Servir inmediatamente.

Nutrición:

Calorías: 266

Grasa: 0g

Colesterol: 7mg

Sodio: 104mg

Hidratos de carbono: 51g

Fibra: 6g

Azúcares: 34g

Proteína: 15g

Batido de yogur de arándanos y vainilla

Tiempo de preparación: 5 minutos

Tiempo de cocción: 0 minutos

Porciones: 2

Ingredientes:

- 1½ tazas de arándanos congelados

- 1 taza de yogur griego de vainilla sin grasa

- 1 plátano congelado, pelado y cortado en rodajas

- ½ taza de leche sin grasa o baja en grasa

- 1 taza de hielo

Instrucciones:

1. En una licuadora, combine todos los fijadores mencionados y mezcle hasta que esté suave y cremoso. Servir inmediatamente.

Nutrición:

Calorías: 228

Grasa: 1g

Sodio: 63mg

Potasio: 470mg

Hidratos de carbono: 45g

Fibra: 5g

Azúcares: 34g

Proteína: 12g

Panqueques de avena de yogur griego

Tiempo de preparación: 15 minutos

Tiempo de cocción: 10 minutos

Porciones: 2

Ingredientes:

- 6 claras de huevo (o ¾ taza de claras de huevo líquidas)

- 1 taza de copos de avena

- 1 taza de yogur griego sin grasa.

- 1 plátano mediano, pelado y cortado en rodajas

- 1 cucharadita de canela molida

- 1 cucharadita de polvo de hornear

Instrucciones:

1. Mezcla todos los arreglos listados usando una licuadora. Calentar una plancha a fuego medio. Rocíe la sartén con spray de cocina antiadherente.

2. Ponga 1/3 taza de la mezcla o la masa en la plancha. Deje que se cocine y voltee cuando las burbujas de la parte superior se revienten, unos 5 minutos. Cocine de nuevo en un minuto hasta que se dore. Repita con el resto de la masa. Dividir entre dos platos de servir y disfrutar.

Nutrición:

Calorías: 318

Grasa: 4g

Sodio: 467mg

Potasio: 634mg

Hidratos de carbono: 47g

Fibra: 6g

Azúcares: 13g

Proteína: 28g

Huevos revueltos y quesadillas de desayuno de vegetales

Tiempo de preparación: 15 minutos

Tiempo de cocción: 15 minutos

Porciones: 2

Ingredientes:

- 2 huevos

- 2 claras de huevo

- 2 a 4 cucharadas de leche descremada o baja en grasa

- ¼ cucharadita de pimienta negra recién molida

- 1 tomate grande, picado

- 2 cucharadas de cilantro picado

- ½ taza de frijoles negros enlatados, enjuagados y escurridos

- 1½ cucharadas de aceite de oliva, divididas

- 4 tortillas de maíz

- ½ aguacate, pelado, deshuesado y cortado en rodajas finas

Instrucciones:

1. Mezcla los huevos, las claras, la leche y la pimienta negra en un tazón. Usando una batidora eléctrica, bata

hasta que esté suave. En el mismo tazón, agregar el tomate, el cilantro y los frijoles negros, y mezclar con los huevos con una cuchara.

2. Calienta la mitad del aceite de oliva en una sartén mediana a fuego medio. Añade la mezcla de huevos revueltos y cocínalos unos minutos, revolviendo, hasta que estén bien cocidos. Retire de la sartén.

3. Divide la mezcla de huevos revueltos entre las tortillas, colocando sólo la mitad de la tortilla. Cubrir con rodajas de aguacate y doblar las tortillas por la mitad.

4. Calienta el aceite restante a fuego medio y añade una de las tortillas dobladas a la sartén. Cocínalas de 1 a 2 minutos por cada lado o hasta que se doren. Repita con las tortillas restantes. Sirva inmediatamente.

Nutrición:

Calorías: 445

Grasa: 24g

Sodio: 228mg

Potasio: 614mg

Hidratos de carbono: 42g

Fibra: 11g

Azúcares: 2g

Proteína: 19g

Pimientos rellenos para el desayuno

Tiempo de preparación: 15 minutos

Hora de cocinar: 45 minutos

Porciones: 4

Ingredientes:

- 4 pimientos (de cualquier color)

- 1 bolsa (16 onzas) de espinacas congeladas

- 4 huevos

- ¼ taza de queso bajo en grasa rallado (opcional)

- Pimienta negra recién molida

Instrucciones:

1. Precaliente el horno a 400°F. Forrar un molde de hornear con papel de aluminio. Cortar la parte superior del pimiento, y luego desechar las semillas. Deseche las tapas y las semillas. Pongan los pimientos en la bandeja de hornear y horneen durante unos 15 minutos.

2. Mientras los pimientos se hornean, descongela las espinacas y drena el exceso de humedad. Quiten los pimientos, luego rellenen los fondos uniformemente con las espinacas descongeladas.

3. Rompe un huevo sobre las espinacas dentro de cada pimiento. Cubrir cada huevo con una cucharada de

queso (si se usa) y sazonar con pimienta negra a gusto. Hornee dentro de 15 a 20 minutos, o hasta que las claras de huevo estén puestas y sean opacas.

Nutrición:

Calorías: 136

Grasa: 5g

Sodio: 131mg

Potasio: 576mg

Hidratos de carbono: 15g

Proteína: 11g

Las tostadas de batata son tres maneras

Tiempo de preparación: 15 minutos

Tiempo de cocción: 2 5 minutos

Porciones:

Ingredientes:

- 1 batata grande, sin pelar.

- La primera opción:

- 4 cucharadas de mantequilla de maní

- 1 plátano maduro, en rodajas

- Canela en polvo

- La opción número dos:

- ½ aguacate, pelado, deshuesado y triturado

- 2 huevos (1 por rebanada)

- La opción número tres:

- 4 cucharadas de queso ricotta descremado o bajo en grasa.

- 1 tomate, en rodajas

- Pimienta negra

Instrucciones:

1. Corta la batata a lo largo en rodajas gruesas de ¼ pulgadas. Coloca las rebanadas de batata en una tostadora a alta temperatura durante unos 5 minutos o hasta que estén bien cocidas.

2. Repita varias veces, si es necesario, dependiendo de la configuración de su tostadora. Cúbralo con las opciones de cobertura que desee y disfrute.

Nutrición:

Calorías: 137

Grasa: 0g

Sodio: 17mg

Potasio: 265mg

Hidratos de carbono: 32g

Fibra: 4g

Azúcares: 0g

Proteína: 2g

Gachas de arroz integral con manzana y pimienta.

Tiempo de preparación: 15 minutos

Tiempo de cocción: 8 minutos

Porciones: 4

Ingredientes:

- 3 tazas de arroz integral cocido

- 1¾ tazas de leche sin grasa o baja en grasa

- 2 cucharadas de azúcar moreno ligeramente envasado

- 4 albaricoques secos, picados

- 1 manzana mediana, sin corazón y cortada en cubitos

- ¾ cucharadita de canela molida

- ¾ cucharadita de extracto de vainilla

Instrucciones:

1. Combinar el arroz, la leche, el azúcar, los albaricoques, la manzana y la canela en una cacerola mediana. Hervirlo a fuego medio, bajar el fuego ligeramente y cocinarlo en 2 o 3 minutos. Apagar y añadir el extracto de vainilla. Servir caliente.

Nutrición:

Calorías: 260

Grasa: 2g

Sodio: 50mg

Potasio: 421mg

Hidratos de carbono: 57g

Fibra: 4g

Azúcares: 22g

Proteína: 7g

Pastel de zanahoria de noche Avena

Tiempo de preparación: durante la noche

Tiempo de cocción: 2 minutos

Porciones: 1

Ingredientes:

- ½ taza de copos de avena

- ½ taza de yogur griego sin grasa o bajo en grasa

- ½ taza de leche sin grasa o baja en grasa

- ¼ taza de zanahoria rallada

- 2 cucharadas de pasas de uva

- ½ cucharadita de canela molida

- 1 o 2 cucharadas de nueces picadas (opcional)

Instrucciones:

1. Mezclar todos los accesorios en un frasco con tapa, agitar bien y refrigerar durante la noche. Servir.

Nutrición:

Calorías: 331

Grasa: 3g

Sodio: 141mg

Hidratos de carbono: 59g

Fibra: 8g

Azúcares: 26g

Proteína: 22g

Avena cortada con ciruelas y peras

Tiempo de preparación: 15 minutos

Tiempo de cocción: 25 minutos

Porciones: 4

Ingredientes:

- 2 tazas de agua

- 1 taza de leche descremada o baja en grasa

- 1 taza de avena cortada con acero

- 1 taza de ciruelas secas, picadas

- 1 pera mediana, sin corazón y sin piel, cortada en cubos.

- 4 cucharadas de almendras, picadas en bruto

Instrucciones:

1. Mezclar el agua, la leche y la avena en una olla mediana y llevar a ebullición a fuego alto. Reduzca el fuego y cúbralo. Cocine a fuego lento durante unos 10 minutos, revolviendo de vez en cuando.

2. Añade las ciruelas y la pera, y cúbrelo. Cuézalo a fuego lento durante otros 10 minutos. Apague el fuego y déjelo reposar dentro de 5 minutos hasta que todo el líquido sea absorbido. Para servir, cubra cada porción con una pizca de almendras.

Nutrición:

Calorías: 307

Grasa: 6g

Sodio: 132mg

Potasio: 640mg

Hidratos de carbono: 58g

Fibra: 9g

Azúcares: 24g

Proteína: 9g

Tostadas francesas con puré de manzana

Tiempo de preparación: 5 minutos
Tiempo de cocción: 5 minutos
Porciones: 6
Ingredientes:

- ¼ c. puré de manzana sin endulzar

- ½ c. Leche desnatada

- 2 paquetes de Stevia

- 2 huevos

- 6 rebanadas de pan integral

- 1 cucharadita de canela molida

Instrucciones:

1. Mezcla bien la compota de manzana, el azúcar, la canela, la leche y los huevos en un tazón para mezclar. Remoje el pan en la mezcla de compota de manzana hasta que esté húmedo. A fuego medio, calentar una sartén antiadherente grande.

2. Añade pan remojado por un lado y otro por el otro. Cocine en una sola capa en 2-3 minutos por cada lado a fuego medio-bajo o hasta que se dore ligeramente. Sirva y disfrute.

Nutrición:

Calorías: 122.6

Grasa: 2,6 g

Carbohidratos: 18,3 g

Proteína:6,5 g

Azúcares: 14,8 g

Sodio: 11mg

Batido de mantequilla de plátano y cacahuete y verduras

Tiempo de preparación: 5 minutos

Tiempo de cocción: 0 minutos

Porciones: 1

Ingredientes:

- 1 taza de lechuga romana picada y empaquetada.

- 1 plátano mediano congelado

- 1 cucharada de mantequilla de maní totalmente natural

- 1 c. de leche de almendra fría

Instrucciones:

1. En una batidora de gran potencia, añada todos los ingredientes. Haz un puré hasta que esté suave y cremoso. Sirva y disfrute.

Nutrición:

Calorías: 349.3

Grasa: 9,7 g

Carbohidratos: 57,4 g

Proteína:8,1 g

Azúcares: 4,3 g

Sodio: 18 mg.

Galletas de polvo de hornear

Tiempo de preparación: 5 minutos

Tiempo de cocción: 5 minutos

Porciones: 1

Ingredientes:

- 1 clara de huevo

- 1 c. de harina blanca de trigo integral

- 4 cucharadas de manteca vegetal no hidrogenada

- 1 cucharada de azúcar

- 2/3 c. de leche baja en grasa

- 1 c. harina de uso múltiple sin blanquear

- 4 cucharaditas.

- Polvo de hornear sin sodio

Instrucciones:

1. Calienta el horno a 450°F. Ponga la harina, el azúcar y el polvo de hornear en un tazón y mézclelo. Dividir la manteca en la masa con los dedos hasta que se parezca a las migas gruesas. Ponga la clara de huevo más la leche y revuelva para combinar.

2. Ponga la masa en una superficie ligeramente enharinada y amásela durante un minuto. Enrolle la

masa hasta un espesor de ¾ pulgadas y córtela en 12 rondas. Coloca las rondas en la hoja de hornear. Hornee 10 minutos, luego retire la hoja de hornear y coloque las galletas en una rejilla de alambre para que se enfríen.

Nutrición:

Calorías: 118

Grasa: 4 g

Carbohidratos: 16 g

Proteína: 3 g

Azúcares: 0,2 g

Sodio: 6 mg

Panqueques de avena y plátano con nueces

Tiempo de preparación: 15 minutos
Tiempo de cocción: 5 minutos
Porciones: 8
Ingredientes:

- 1 plátano firme finamente cortado en cubitos

- 1 c. mezcla de panqueques de trigo integral

- 1/8 c. de nueces picadas

- ¼ c. avena a la antigua

Instrucciones:

1. Haga la mezcla para panqueques, como se indica en las instrucciones del paquete. Añada nueces, avena y plátano picado. Cubra una plancha con spray de cocina. Añade una taza de la masa para panqueques a la plancha cuando esté caliente.

2. Dale la vuelta al panqueque cuando se formen burbujas en la parte superior. Cocínalo hasta que se dore. Sirva inmediatamente.

Nutrición:
Calorías: 155
Grasa: 4 g
Carbohidratos: 28 g

Proteína: 7 g

Azúcares: 2,2 g

Sodio: 16 mg.

Batido cremoso de avena, verduras y arándanos

Tiempo de preparación: 4 minutos

Tiempo de cocción: 0 minutos

Porciones: 1

Ingredientes:

- 1 c. de frío

- Leche sin grasa

- 1 c. de verduras para ensalada

- ½ c. arándanos frescos y congelados

- ½ c. avena cocida congelada

- 1 cucharada de semillas de girasol

Instrucciones:

1. Mezcla todos los ingredientes con una potente licuadora hasta que esté suave y cremoso. Sirva y disfrute.

Nutrición:

Calorías: 280

Grasa: 6,8 g

Carbohidratos: 44,0 g

Proteína:14.0 g

Azúcares: 32 g

Sodio: 141 mg.

Avena con canela

Tiempo de preparación: 5 minutos

Tiempo de cocción: 0 minutos

Porciones: 6

Ingredientes:

- 2 c. avena de cocción rápida

- 4 c. Leche sin grasa

- 1 cucharadita de canela molida

- 2 plátanos maduros grandes picados

- 4 cucharaditas de azúcar moreno

- Canela extra molida

Instrucciones:

1. Coloca la leche en una sartén y ponla a hervir. Añada la avena y cocine a fuego medio hasta que se espese, de dos a cuatro minutos.

2. Revuelva de forma intermitente. Añade la canela, el azúcar moreno y el plátano y revuelve para combinar. Si quieres, sirve con la canela extra y la leche. ¡Disfrute!

Nutrición:

Calorías: 215

Grasa: 2 g

Carbohidratos: 42 g

Proteína: 10 g

Azúcares: 1 g

Sodio: 40 mg.

Bagels Made Healthy

Tiempo de preparación: 5 minutos

Hora de cocinar: 40 minutos

Porciones: 8

Ingredientes:

- 1 ½ c. agua caliente

- 1 ¼ c. harina de pan

- 2 cucharadas. Miel

- 2 c. harina de trigo integral

- 2 cucharaditas de levadura

- 1 ½ cucharadas de aceite de oliva

- 1 cucharada de vinagre

Instrucciones:

1. En una máquina de pan, mezclar todos los ingredientes, y luego procesar en el ciclo de masa. Una vez hecho, crear 8 piezas con forma de bola aplanada. Crea una forma de dona usando tu pulgar para hacer un agujero en el centro de cada bola.

2. Coloca la masa en forma de dona en una bandeja de hornear engrasada, luego cubre y deja que se levante alrededor de ½ hora.   Prepara unos 5 centímetros de agua para hervir en una olla grande.

3. En agua hirviendo, deje caer uno a uno los panecillos y hiérvalos durante 1 minuto, luego gírelos una vez. Sáquelos y vuelva a la bandeja de hornear y hornee a 350oF durante unos 20 a 25 minutos hasta que se doren.

Nutrición:

Calorías: 228

Grasa: 3,7 g

Carbohidratos: 41,8 g

Proteína:6,9 g

Azúcares: 0 g

Sodio: 15 mg.

Cereal con un toque de arándanos y naranja

Tiempo de preparación: 5 minutos

Tiempo de cocción: 0 minutos

Porciones: 1

Ingredientes:

- ½ c. agua

- ½ c. jugo de naranja

- 1/3 c. de salvado de avena

- ¼ c. arándanos secos

- Azúcar

- Leche

Instrucciones:

1. En un tazón, combine todos los ingredientes. Durante unos 2 minutos, calentar el tazón en el microondas, y luego servirlo con azúcar y leche. ¡Que aproveche!

Nutrición:

Calorías: 220

Grasa: 2,4 g

Carbohidratos: 43,5 g

Proteína:6,2 g

Azúcares: 8 g

Sodio: 1 mg.

No cocinar la avena de la noche a la mañana

Tiempo de preparación: 5 minutos

Tiempo de cocción: 0 minutos

Porciones: 1

Ingredientes:

- 1 ½ c. Leche baja en grasa

- 5 trozos de almendra entera

- 1 cdta. de semillas de chía

- 2 cucharadas de avena.

- 1 cdta. de semillas de girasol

- 1 cda. de pasas

Instrucciones:

1. En un frasco o una botella con tapa, mezclar todos los ingredientes. Refrigerar durante la noche. Disfrute del desayuno.

Nutrición:

Calorías: 271

Grasa: 9,8 g

Carbohidratos: 35,4 g

Proteína:16,7 g

Azúcares:9

Sodio: 103 mg

Copa de aguacate con huevo

Tiempo de preparación: 5 minutos

Tiempo de cocción: 0 minutos

Porciones: 4

Ingredientes:

- 4 cucharaditas de queso parmesano

- 1 cebolleta de tallo picado

- 4 pizcas de pimienta

- 4 pizcas de pimentón

- 2 aguacates maduros

- 4 huevos medianos

Instrucciones:

2. Precalentar el horno a 375 0F. Corta los aguacates por la mitad y desecha la semilla. Cortar las porciones redondeadas del aguacate para que quede nivelado y se asiente bien en una bandeja de hornear.

3. Coloca los aguacates en una bandeja de hornear y rompe un huevo en cada agujero del aguacate. Sazone cada huevo de manera uniforme con pimienta y pimentón. Hornee dentro de los 25 minutos o hasta que

los huevos se cocinen a su gusto. Servir con un poco de parmesano.

Nutrición:

Calorías: 206

Grasa: 15,4 g

Carbohidratos: 11,3 g

Proteína: 8,5 g

Azúcares: 0,4 g

Sodio: 21 mg.

Tostado del Mediterráneo

Tiempo de preparación: 10 minutos

Tiempo de cocción: 0 minutos

Porciones: 2

Ingredientes:

- 1 ½ cucharadita de queso feta desmenuzado reducido en grasas

- 3 aceitunas griegas en rodajas

- ¼ puré de aguacate

- 1 rebanada de pan integral bueno

- 1 cucharada de humus de pimienta roja asado

- 3 tomates cherry en rodajas

- 1 huevo duro en rodajas

Instrucciones:

1. Primero, tostar el pan y cubrirlo con ¼ puré de aguacate y una cucharada de hummus. Añade los tomates cherry, las aceitunas, el huevo duro y el queso feta. Para probar, sazonar con sal y pimienta.

Nutrición:

Calorías: 333.7

Grasa: 17 g

Carbohidratos: 33,3 g

Proteína:16,3 g

Azúcares: 1 g

Sodio: 19 mg.

Avena instantánea de plátano

Tiempo de preparación: 1 minuto

Tiempo de cocción: 2 minutos

Porciones: 1

Ingredientes:

- 1 puré de plátano maduro

- ½ c. agua

- ½ c. quick oats

Instrucciones:

1. Mida la avena y el agua en un recipiente apto para microondas y revuélvalo para combinarlos. Coloca el tazón en el microondas y calienta a alta temperatura durante 2 minutos. Retira el tazón, luego revuelve el puré de plátano y sirve.

Nutrición:

Calorías: 243

Grasa: 3 g

Carbohidratos: 50 g

Proteína: 6 g

Azúcares: 20 g

Sodio: 30 mg.

Plátano

Tiempo de preparación: 5 minutos

Tiempo de cocción: 0 minutos

Porciones: 1

Ingredientes:

- 1 cucharada de mantequilla de almendra

- ½ c. cubitos de hielo

- ½ c. espinacas envasadas

- 1 plátano mediano pelado y congelado

- 1 c. Leche sin grasa

Instrucciones:

1. Mezcla todos los fijadores mencionados arriba en una potente licuadora hasta que esté suave y cremoso. Sirva y disfrute.

Nutrición:

Calorías: 293

Grasa: 9,8 g

Carbohidratos: 42,5 g

Proteína:13,5 g

Azúcares: 12 g

Sodio: 40 mg.

Avena con azúcar moreno y canela

Tiempo de preparación: 1 minuto

Hora de cocinar: 3 minutos.

Porciones: 4

Ingredientes:

- ½ cucharadita de canela molida

- 1 ½ cucharadita de extracto puro de vainilla

- ¼ c. Azúcar moreno claro

- 2 c. Leche baja en grasa

- 1 1/3 c. de avena rápida

Instrucciones:

1. Ponga la leche más la vainilla en una cacerola mediana y hierva a fuego medio-alto.

2. Baja el calor a medio una vez que hierva. Mezclar la avena, el azúcar moreno, más la canela, y cocinar, revolviendo 2 o 3 minutos. Servir inmediatamente.

Nutrición:

Calorías: 208

Grasa: 3 g

Carbohidratos: 38 g

Proteína: 8 g

Azúcares: 15 g

Sodio: 33 mg.

Panqueques de alforfón con leche de almendra y vainilla

Tiempo de preparación: 10 minutos

Tiempo de cocción: 10 minutos

Porciones: 1

Ingredientes:

- ½ c. Leche de vainilla y almendra sin azúcar

- 2-4 paquetes de edulcorante natural

- 1/8 cucharadita de sal

- ½ taza de harina de sarraceno

- ½ cdta. polvo de hornear de doble acción

Instrucciones:

1. Prepara una plancha antiadherente para panqueques y rocía con el spray de cocina, colócalo a fuego medio. Bata la harina de sarraceno, la sal, el polvo de hornear y la stevia en un bol pequeño y añada la leche de almendras después.

2. En la sartén, toma una gran cucharada de masa, cocina hasta que las burbujas ya no aparezcan en la superficie y toda la superficie parezca seca y (2-4 minutos). Voltee y cocine por otros 2-4 minutos. Repita con toda la masa restante.

Nutrición:

Calorías: 240

Grasa: 4,5 g

Carbohidratos: 2 g

Proteína: 11 g

Azúcares: 17 g

Sodio: 38 mg.

Revuelto de salmón y huevo

Tiempo de preparación: 15 minutos

Hora de cocinar: 4 minutos

Porciones: 4

Ingredientes:

- 1 cucharadita de aceite de oliva

- 3 huevos enteros orgánicos

- 3 cucharadas de agua

- 1 ajo picado

- 6 Oz. Salmón ahumado, en rodajas

- 2 aguacates, en rodajas

- Pimienta negra al gusto

- 1 cebolla verde, picada

Instrucciones:

1. Calentar aceite de oliva en una sartén grande y saltear la cebolla en ella. Coge un bol mediano y bate los huevos en él, añade agua y haz un revuelto con la ayuda de un tenedor. Añade a la sartén el salmón ahumado junto con el ajo y la pimienta negra.

2. Revuelva durante unos 4 minutos hasta que todos los ingredientes se vuelvan esponjosos. En esta etapa,

agregue la mezcla de huevos. Una vez que los huevos estén firmes, sirva en un plato con una guarnición de aguacates.

Nutrición:

Calorías: 120

Carbohidratos: 3g

Grasa: 4g

Proteína: 19g

Sodio: 898 mg

Potasio: 129mg

Muffins de calabaza

Tiempo de preparación: 15 minutos

Tiempo de cocción: 20 minutos

Porciones: 4

Ingredientes:

- 4 tazas de harina de almendra

- 2 tazas de calabaza, cocinadas y en puré

- 2 grandes huevos orgánicos enteros

- 3 cucharaditas de polvo de hornear

- 2 cucharaditas de canela molida

- 1/2 taza de miel cruda

- 4 cucharaditas de mantequilla de almendra

Instrucciones:

1. Precaliente el horno a 400 grados F. Ponga el papel para magdalenas en la bandeja de magdalenas. Mezcle la harina de almendra, el puré de calabaza, los huevos, el polvo de hornear, la canela, la mantequilla de almendra y la miel en un bol grande.

2. Ponga la masa preparada en una bandeja de panecillos y hornee en 20 minutos. Una vez que esté dorada, sírvela y disfrútala.

Nutrición:

Calorías: 136

Carbohidratos: 22g

Grasa: 5g

Proteína: 2g

Sodio: 11 mg

Potasio: 699 mg.

Panqueque de bayas dulces

Tiempo de preparación: 15 minutos

Tiempo de cocción: 15 minutos

Porciones: 4

Ingredientes:

- 4 tazas de harina de almendra

- Una pizca de sal marina

- 2 huevos orgánicos

- 4 cucharaditas de aceite de nuez

- 1 taza de fresas, en puré

- 1 taza de arándanos, triturados

- 1 cucharadita de polvo de hornear

- Miel para la cobertura, opcional

Instrucciones:

1. Toma un tazón y añade harina de almendras, polvo de hornear y sal marina. Toma otro tazón y añade huevos, aceite de nuez, fresas y puré de arándanos. Combina los ingredientes de ambos tazones.

2. Calentar un poco de aceite de nuez en una sartén y verter la mezcla de cucharadas para hacer panqueques. Una vez que la burbuja llegue a la parte superior, voltea

el panqueque para cocinarlo del otro lado. Una vez hecho, servir con el glaseado de miel en la parte superior.

Nutrición:

Calorías: 161

Carbohidratos: 23g

Grasa: 6g

Proteína: 3g

Colesterol: 82 mg

Sodio: 91 mg

Potasio: 252mg

Panqueques de calabacín

Tiempo de preparación: 15 minutos

Tiempo de cocción: 10 minutos

Porciones: 4

Ingredientes:

- 4 calabacines grandes

- 4 cebollas verdes, cortadas en cubos

- 1/3 de taza de leche

- 1 huevo orgánico

- Sal marina, sólo una pizca

- Pimienta negra, rallada

- 2 cucharadas de aceite de oliva

Instrucciones:

1. Primero, lava los calabacines y rállalos con un rallador de queso. Mezclar el huevo y añadir los calabacines rallados y la leche en un bol grande. Calentar el aceite en una sartén y saltear las cebollas en ella.

2. Poner la masa de huevo en la sartén y hacer panqueques. Una vez cocinados por ambos lados. Servir espolvoreando sal y pimienta por encima.

Nutrición:

Calorías: 70

Carbohidratos: 8g

Grasa: 3g

Proteína: 2g

Colesterol: 43 mg

Sodio: 60 mg

Potasio: 914mg

Desayuno Banana Split

Tiempo de preparación: 15 minutos

Tiempo de cocción: 0 minutos

Porciones: 3

Ingredientes:

- 2 plátanos, pelados

- 1 taza de avena, cocida

- 1/2 taza de yogur de fresa bajo en grasa

- 1/3 de cucharadita de miel, opcional

- 1/2 taza de piña, en trozos

Instrucciones:

1. Pela los plátanos y córtalos a lo largo. Ponga la mitad de la banana en cada tazón separado. Ponga el yogur de fresa encima y vierta la avena cocida con trozos de piña en cada plátano. Servir inmediatamente con un glaseado de miel de abeja.

Nutrición:

Calorías: 145

Carbohidratos: 18g

Grasa: 7g

Proteína: 3g

Sodio: 2 mg.

Potasio: 380 mg.

Panecillos vegetarianos fáciles

Tiempo de preparación: 10 minutos

Hora de cocinar: 40 minutos

Porciones: 4

Ingredientes:

- ¾ taza de queso cheddar, rallado

- 1 taza de cebolla verde, picada

- 1 taza de tomates, picados

- 1 taza de brócoli, picado

- 2 tazas de leche descremada

- 1 taza de mezcla de galletas

- 4 huevos

- Spray de cocina

- 1 cucharadita de condimento italiano

- Una pizca de pimienta negra

Instrucciones:

1. Engrasar una bandeja de panecillos con spray de cocina y dividir el brócoli, los tomates, el queso y las cebollas en cada taza de panecillos.

2. En un tazón, combine las cebollas verdes con leche, mezcla de galletas, huevos, pimienta y condimento

italiano, bata bien y vierta en la bandeja de los panecillos también.

3. Cocina los panecillos en el horno a 375 grados F durante 40 minutos, divídelos entre los platos y sírvelos.

Nutrición:

Calorías: 80

Carbohidratos: 3g

Grasa: 5g

Proteína: 7g

Sodio: 25 mg

Muffins de zanahoria

Tiempo de preparación: 10 minutos

Hora de cocinar: 30 minutos

Porciones: 5

Ingredientes:

- 1 y ½ tazas de harina de trigo integral

- ½ taza de stevia

- 1 cucharadita de polvo de hornear

- ½ cucharadita de canela en polvo

- ½ cucharadita de bicarbonato de sodio

- ¼ taza de jugo de manzana natural

- ¼ taza de aceite de oliva

- 1 huevo

- 1 taza de arándanos frescos

- 2 zanahorias, ralladas

- 2 cucharaditas de jengibre, rallado

- ¼ taza de nueces, picadas

- Spray de cocina

Instrucciones:

1. Mezcla la harina con la stevia, el polvo de hornear, la canela y el bicarbonato de sodio en un tazón grande. Añade el zumo de manzana, el aceite, el huevo, los arándanos, las zanahorias, el jengibre y las nueces y revuelve bien.

2. Engrasar una bandeja de panecillos con spray de cocina, dividir la mezcla de panecillos, meterla en el horno y cocinarla a 375 grados F en 30 minutos. Dividir las magdalenas entre los platos y servir para el desayuno.

Nutrición:

Calorías: 34

Carbohidratos: 6g

Grasa: 1g

Proteína: 0g

Sodio: 52 mg

Avena de piña

Tiempo de preparación: 10 minutos

Tiempo de cocción: 25 minutos

Porciones: 4

Ingredientes:

- 2 tazas de avena a la antigua.

- 1 taza de nueces, picadas

- 2 tazas de piña, en cubos

- 1 cucharada de jengibre rallado

- 2 tazas de leche descremada

- 2 huevos

- 2 cucharadas de stevia

- 2 cucharaditas de extracto de vainilla

Instrucciones:

1. En un tazón, combinar la avena con la piña, las nueces y el jengibre, revolver y dividir en 4 recipientes. Mezclar la leche con los huevos, la stevia y la vainilla en un tazón y verter sobre la mezcla de avena. Hornee a 400 grados F en 25 minutos. 4. Servir para el desayuno.

Nutrición:

Calorías: 200

Carbohidratos: 40g

Grasa: 1g

Proteína: 3g

Sodio: 275 mg

Muffins de espinacas

Tiempo de preparación: 10 minutos

Hora de cocinar: 30 minutos

Porciones: 6

Ingredientes:

- 6 huevos

- ½ taza de leche sin grasa

- 1 taza de queso bajo en grasa, desmenuzado

- 4 onzas de espinacas

- ½ taza de pimiento rojo asado, picado

- 2 onzas de prosciutto, picado

- Spray de cocina

Instrucciones:

1. Mezcla los huevos con la leche, el queso, las espinacas, la pimienta roja y el jamón en un tazón. Engrasar una bandeja de panecillos con spray de cocina, dividir la mezcla de panecillos, introducir en el horno y hornear a 350 grados F en 30 minutos. Dividir entre los platos y servir para el desayuno.

Nutrición:

Calorías: 112

Carbohidratos: 19g

Grasa: 3g

Proteína: 2g

Sodio: 274 mg

Chia Seeds Breakfast Mix

Tiempo de preparación: 8 horas

Tiempo de cocción: 0 minutos

Porciones: 4

Ingredientes:

- 2 tazas de avena a la antigua.

- 4 cucharadas de semillas de chía

- 4 cucharadas de azúcar de coco

- 3 tazas de leche de coco

- 1 cucharadita de cáscara de limón, rallada

- 1 taza de arándanos

Instrucciones:

1. En un tazón, combinar la avena con semillas de chía, azúcar, leche, cáscara de limón y arándanos, revolver, dividir en tazas y mantener en la nevera durante 8 horas. 2. 2. Servir para el desayuno.

Nutrición:

Calorías: 69

Carbohidratos: 0g

Grasa: 5g

Proteína: 3g

Sodio: 0 mg

Tazones de frutas para el desayuno

Tiempo de preparación: 10 minutos

Tiempo de cocción: 0 minutos

Porciones: 2

Ingredientes:

- 1 taza de mango, picado

- 1 plátano, en rodajas

- 1 taza de piña, picada

- 1 taza de leche de almendra

Instrucciones:

1. Mezclar el mango con el plátano, la piña y la leche de almendras en un tazón, revolver, dividir en tazones más pequeños y servir.

Nutrición:

Calorías: 10

Carbohidratos: 0g

Grasa: 1g

Proteína: 0g

Sodio: 0mg

Galletas de calabaza

Tiempo de preparación: 10 minutos

Tiempo de cocción: 25 minutos

Porciones: 6

Ingredientes:

- 2 tazas de harina de trigo integral

- 1 taza de avena a la antigua

- 1 cucharadita de bicarbonato de sodio

- 1 cucharadita de especias para pastel de calabaza

- 15 onzas de puré de calabaza

- 1 taza de aceite de coco, derretido

- 1 taza de azúcar de coco

- 1 huevo

- ½ taza de pepitas, asadas

- ½ taza de cerezas, secas

Instrucciones:

1. Mezclar la harina, la avena, el bicarbonato de sodio, la calabaza, el puré de calabaza, el aceite, el azúcar, el huevo, las pepitas y las cerezas en un bol, remover bien, dar forma a las galletas medianas con esta mezcla, colocarlas todas en una bandeja de hornear y

hornearlas en 25 minutos a 350 grados F. Servir las galletas para el desayuno.

Nutrición:

Calorías: 150

Carbohidratos: 24g

Grasa: 8g

Proteína: 1g

Sodio: 220 mg

Revuelto de vegetales

Tiempo de preparación: 10 minutos

Tiempo de cocción: 2 minutos

Porciones: 1

Ingredientes:

- 1 huevo

- 1 cucharada de agua

- ¼ taza de brócoli, picado

- ¼ taza de champiñones, picados

- Una pizca de pimienta negra

- 1 cucharada de mozzarella baja en grasa, rallada

- 1 cucharada de nueces, picadas

- Spray de cocina

Instrucciones:

1. Engrasar una cazuela con spray de cocina, añadir el huevo, el agua, la pimienta, los champiñones y el brócoli, y batir bien. Introdúzcalo en el microondas y cocínelo durante 2 minutos. Añade la mozzarella y las nueces encima y sírvelo para el desayuno.

Nutrición:

Calorías: 128

Carbohidratos: 24g

Grasa: 0g

Proteína: 9g

Sodio: 86 mg

Desayuno de hongos y pavo

Tiempo de preparación: 10 minutos

Tiempo de cocción: 1 hora y 5 minutos

Porciones: 12

Ingredientes:

- 8 onzas de pan integral, en cubos

- 12 onzas de salchicha de pavo, picada

- 2 tazas de leche sin grasa

- 5 onzas de queso cheddar bajo en grasa, rallado

- 3 huevos

- ½ taza de cebollas de verdeo, picadas

- 1 taza de champiñones, picados

- ½ cucharadita de pimentón dulce

- Una pizca de pimienta negra

- 2 cucharadas de parmesano bajo en grasa, rallado

Instrucciones:

1. Ponga los cubos de pan en una bandeja de hornear preparada y hornee a 400 grados F durante 8 minutos. Mientras tanto, calienta un molde a fuego medio-alto, añade la salchicha de pavo, revuelve y dora durante 7 minutos.

2. En un tazón, combine la leche con el cheddar, los huevos, el parmesano, la pimienta negra y el pimentón y bata bien.

3. Añade los champiñones, la salchicha, los cubos de pan y las cebollas de verdeo, revuelve, vierte en una bandeja de hornear, hornea a 350 grados F en 50 minutos. 5. 5. Cortar, dividir entre los platos y servir para el desayuno.

Nutrición:

Calorías: 88

Carbohidratos: 1g

Grasa: 9g

Proteína: 1g

Sodio: 74 mg

Omelet de hongos y queso

Tiempo de preparación: 10 minutos

Tiempo de cocción: 15 minutos

Porciones: 4

Ingredientes:

- 2 cucharadas de aceite de oliva

- Una pizca de pimienta negra

- 3 onzas de hongos, en rodajas

- 1 taza de espinaca bebé, picada

- 3 huevos, batidos

- 2 cucharadas de queso bajo en grasa, rallado

- 1 aguacate pequeño, pelado, deshuesado y cortado en cubos.

- 1 cucharada de perejil, picado

Instrucciones:

1. Añade los hongos, revuelve, cocínalos por 5 minutos y transfiere a un tazón en una sartén caliente con el aceite a fuego medio-alto.

2. Calentar la misma sartén a fuego medio-alto, añadir los huevos y la pimienta negra, extender en la sartén, cocinar dentro de 7 minutos, y transferir a un plato.

3. Esparcir hongos, espinacas, aguacate y queso en la mitad de la tortilla, doblar la otra mitad sobre esta mezcla, espolvorear perejil por encima y servir.

Nutrición:

Calorías: 136

Carbohidratos: 5g

Grasa: 5g

Proteína: 16g

Sodio: 192 mg

CPSIA information can be obtained
at www.ICGtesting.com
Printed in the USA
BVHW052107090421
604613BV00005B/128